初信者シリーズ 10

ウオッチマン・ニー著

集会

JN061248

JGW日本福音書房

集会

聖書：ヘブル十・二五、マタイ十八・二〇、使徒二・四二、Ｉコリント十四・二三、二六

一　団体の恵みは集会の中にある

神の言葉は言います、「わたしたち自身の集会を放棄してはいけません」（ヘブル十・二五）。なぜ集まることを放棄してはいけないのでしょうか？　それは神が集会の中でわたしたちに恵みを与えられるからです。神が人に与えられる恵みは、二種類に分けられます。一種類は個人的なものであり、一種類は団体的なものです。神はわたしたちに個人的な恵みを与えられるだけでなく、団体的な恵みも与えられます。この団体的な恵みは、集会においてのみ得られるものです。

以前、祈りの問題を取り上げたことがあります。あなたが一人で、家の中でよく

よく祈りを学ぶ時、神はその祈りを聞かれます。これには疑いの余地がありません。個人の祈りを神は聞いてくださいます。しかし、もう一種類の祈りについては、もし神の答えを得ようとするなら、集会において祈らない限り、また二、三人で共に主の御名の中で求めない限り、効果がありません。一人で求めたとしても、それは成就しません。大きな事に関するものについては、集会で共に祈らなければ答えを得ることはできません。祈りの集会で求めてはじめて成就します。神が与えられる団体の恵みは、集会があってはじめて与えられるものです。あなたは一人でよくよく求めさえすればそれでいい、一人で神のあわれみを求めればそれでいいと思っているでしょうが、多くの人の経験によれば、たった一人で求めてもうまくいかないのです。二、三人で、あるいは兄弟姉妹全員で求めない限り、神はその祈りを聞かれないかのようです。ですから、神に答えられる祈りには二種類あり、一種類は個人の祈りであり、一種類は集会における祈りです。あなたが集会しないなら、ある祈りについては答えが得られないでしょう。

聖書を読むことについても前に述べました。確かにあなたが聖書を読む時、神は個人的な恵みを与えられるでしょう。しかし、聖書のある箇所は、一人で読んでもわかりません。集会に来てみなで共に集まっている時、あるいはある兄弟が立ち上がってその聖書の箇所について語る時、あるいはその箇所を語らなくても、みなが共に集まっているゆえに、神はその時、あなたに光を与えられます。多くの兄弟姉妹は、集会をしている時のほうが、個人で学ぶ時よりも、神の言葉をさらに多く理解することができると証しすることができます。多くの時、集会の中で、神はあなたのためにこの一句の言葉からあの一句の言葉へと導いてくださったり、語っている時に光を与えてくださったり、さらに多くを明らかにしてくださったりするなど、団体の恵みを得させてくださいます。

もし集会しないなら、あなたはせいぜい個人的な恵みを得ることができるだけで、大きな団体的な恵みを得損なってしまいます。神は集会においてのみ、団体の恵みを与えてくださいます。集会しないなら、得ることはできません。ですから聖書は、わたしたち自身の集会をやめないようにとわたしたちに命じています。

二　教会と集会

教会にはとても大きな一つの特徴がありますが、それは集会です。クリスチャンは、個人で「自己修行」することを集会と引き換えることはできません。なぜなら、神は集会の時にだけ降らせる恵みを持っておられるからです。あなたが集会しないなら、団体の恵みを得ることは絶対にできません。

旧約において神がユダヤ人たちについて定められたことは、集まらなければならないことでした。ですから、聖書はしばしば彼らのことを「会衆」と呼んでいます。集まってこそ会衆と呼ぶことができます。新約に至るともっとはっきりしています。「わたしたち自身の集会をやめることなく」とは聖書の命令です。神は、人が家で単独に自己修行することを重んじられません。人は集まってきて神の恵みを得るべきです。集会をやめて恵みを失うことのない人など、一人もいません。集会をやめることは愚かなことです。人は必ず集会しなければなりません。神の他の子供たちと共に集まってこそ、恵みにあずかることができます。

集会について聖書には、明白な命令があるだけでなく、多くの模範もあります。主イエスは地上にいた時、何度も彼の弟子たちと共に集まっていました。山の上で集まり(マタイ五・一)、荒野で集まり(マルコ六・三二—三四)、家で集まり(マルコ二・一—二)、海辺で集まりました(マルコ四・一)。最後の夜、十字架につけられる前、彼は広間を借りて、彼らと集まりました(マルコ十四・十五―十七)。復活の後、彼はやはり彼らが集まっている所に現れました(ヨハネ二〇・十九、二六、使徒一・四)。ペンテコステの日の前、弟子たちは一つ思いで、一緒に集まって祈っていました(使徒一・十四)。ペンテコステの日にも、彼らは共に集まっていました(使徒二・一)。引き続き、彼らは使徒たちの教えと交わりとの中に、パンをさくことと祈りの中に余念なく居続けました。しばらくして彼らは迫害を受け、自分たちの所へ帰って行きましたが、なおそこでも集まりました(使徒四・二三―三一)。ペテロは釈放されて家に帰った時、彼らはやはり集まっていました(使徒十二・十二)。コリント人への第一の手紙第十四章では、教会全体が一つ所に集まっていたことをとてもはっきりと告げています(Ⅰコリント十四・二三)。教会全体が一つ所に集まっていたのです。教会に属する人はだれでも、教会と共に集まらないということがあってはいけません。

「教会」という言葉の意味は何でしょうか? 教会はギリシャ語では「エクレシア」です。「エク」は「出て来ること」を意味し、「クレシア」は「会衆」あるいは「集まり」を意味します。「エクレシア」の意味は、出て来た人たちの集まりです。神は、召された人を必要とされるだけでなく、召された人が集まることをも必要とされます。もし召された人が一人一人ばらばらであれば、教会はなく、教会は生み出されません。

ですから、主を信じた後、一つの基本的な必要があります。それは神の子たちと共に集まることです。兄弟姉妹よ、「わたしは自己修行するクリスチャンになろう」などという変な思いを絶対に持ってはなりません。この思いは必ず打ち破らなければなりません。キリスト教には自己修行するクリスチャンはいません。教会全体が一緒に集まることがあるだけです。家に一人閉じ込もって祈ったり聖書を読んだりしてクリスチャンになることができるとは思わないでください。キリスト教は、個人の上に打ち建てられるだけでなく、集会の上に打ち建てられるのです。

三　集会はからだの機能を表現する

コリント人への第一の手紙第十二章はからだについて述べ、第十四章は集会について述べています。第十二章は聖霊の賜物について語り、第十四章も聖霊の賜物について語っています。第十二章はからだにおける賜物について語り、第十四章は教会における賜物について語っています。この二つの章の御言葉にしたがって見ると、からだの各肢体が互いに機能する活動は、集会の中で表現されるようです。なぜなら、第十二章と第十四章を一緒に読むと、第十二章のからだが第十四章になって機能を生じているのをはっきりと見るからです。一方ではからだを言い、他方では集会を言っています。一方ではからだにおける賜物を言い、他方では集会における賜物を言っています。からだの機能は、特に集会の中で発揮されます。肢体は互いに働き、目は足を助け、耳は手を助け、手は口を助けて、互いに影響し合い、互いに支え合うのですが、それは特に集会の中で機能を生じます。こういうわけで、わたしたちの祈りは集会の時に、より多く答えられるのです。多くの時、個人では光がないのに、集会に来ると光があります。個人が神の御前で追求して見たものは、集会の中で見たものには及びません。神が案配された務めは、すべて集会の中で表現されます。神の案配された務めは、すべて集会のためです。ですから、人があまり集会しないなら、何がからだの機能であるかを知ることのできる機会を持たないことになります。

教会はキリストのからだです。教会はまた神の住まいです。旧約で見ますと、神の光は至聖所の中にありました。外庭には太陽の光があり、聖所には垂れ幕の前にオリブ油のともし火がありました。しかし、至聖所には天然の光はなく、また人工的な光もなく、ただ神の光だけがありました。至聖所は神の住まわれる所です。神の住まわれる所に神の光もまたあります。今日、教会が共に集まっている時、教会が神の住まいとなっている時、神の光があります。教会の集会は、神がご自身の光を現し出される時です。なぜそうなのかはわかりません。わたしたちが言うことのできるのはただ、これは各肢体が互いに機能し、神の光をからだにおいて現し出した結果の一つであるということだけです。

申命記第三二章三〇節は言います、「彼らの岩が彼らを売らず、エホバが彼らを渡されなかったなら、どうして一人が千人を追い、二人が万人を逃げ去らせたであろうか？」。どうして一人で千人を追い、二人で万人を敗ることができるのでしょうか？　これは不思議な事であり、わたしたちにはわかりません。それにもかかわらず、わたしたちはこれが事実であることを知っています。人の見方によれば、一人で千人を追うなら、二人で二千人を追うのです。しかし神は、二人で万人を敗ると言われるのです。八千人も多くなっています。二人が別々に追うなら、一人で千人ですから、二人合わせると二千人にしかなりません。しかし、二人が一緒に追う時は、肢体の相互の機能を持つことができ、こうして万人を敗ることができ、別々に追う時よりも八千人も多くなります。からだを知らない人、集会を重んじない人は、八千人を失ってしまいます。ですから、団体の恵みを得る学びをしなければなりません。個人の恵みを得ればそれで十分とすべきではありません。もう一度言いますが、キリスト教の特徴は集会することです。クリスチャンは決して個人的に「自己修行」することを集会に取って代わらせてはなりません。この点について、兄弟姉妹がはっきりと見て重んじますように。

主はわたしたちに二つの同在を約束されました。一つはマタイによる福音書第二八章であり、もう一つはマタイによる福音書第十八章です。マタイによる福音書第二八章二〇節で主は言われました、「わたしはこの時代の満了まで、日々あなたがたと共にいる」。これは個人的な同在を含みます。マタイによる福音書第十八章二〇節では、主は次のように言われました、「二人または三人がわたしの名の中へと集められている所には、わたしがその中にいるからである」。ここの同在は集会の中での同在を指して言われたものであって、集会においてのみこの同在を得ることができます。主と個人との同在は一つの事であり、集会における主の同在はまた別の事です。ある人たちは主との個人的な同在を知っているだけです。しかし、この認識だけでは不十分です。すばらしい同在、力強い同在は集会においてはじめて触れることができ、個人では触れることはできません。個人でも主の同在を得ることはできますが、その程度は劣っており、あまり大きな力はありません。兄弟姉妹と共にいる時にだけ、個人では触れることのできない主の同在に触れることができます。兄弟姉妹と共に集会することを学ばなければなりません。なぜなら、集会の中では特別に主の同在を感じるからです。それは大きな恵みです。その同在は、あなた個人によっては得る方法がありません。自己修行型のクリスチャンで、そのような力強い主の同在に触れたという人に出会ったことはあまりありません。

神の子供たちが共に集まって互いに機能を果たすことは、とても自然なことです。からだが互いに機能を果たすことが、集会によってどのようにして生み出されるかはわかりませんが、互いに機能を果たすことが事実であることだけはわかっています。ある兄弟が立ち上がると、あなたは光を見ます。ある兄弟が立ち上がると、あなたは主の同在を感じます。ある兄弟が口を開いて祈ると、あなたは神に触れたと感じます。ある兄弟が数句語っただけで、あなたは命の供給を感じます。このような事は、解釈することができませんし、解釈するという領域を超えていることです。キリストのからだがどのようにして互いに機能を果たすのかは、将来主の御前に行ってはじめて知ることができるでしょう。今日わたしたちは、主が定められたところにしたがって行なうだけです。

あなたは主を信じたばかりであり、集会をあまり重んじていないため、何がからだの光であるか、何がからだの機能であるか、からだから益を受けることが何であるかを、知らないかもしれません。しかし、経験によれば、多くの基本的な霊的学課は、からだの中にいてはじめて学ぶことができます。多く集会すればするほど、多く学ぶことができます。集会しなければ、これらの豊富に何の分も持つことができません。ですから、初めからよくよく集会に参加することを学ぶようにと願います。

四　集会の原則

わたしたちはどのように集会すべきでしょうか？　集会に関して聖書が述べている第一の原則は、すべての集会が主の御名の中へと集められていなければならないことです。マタイによる福音書第十八章二〇節では、「わたしの名の中へと集められる」とあります。「主の名の中へと」とはどういうことでしょうか？　その意味は、主の権威の下へということです。主は中心であり、すべての人はみな主の御前へと引き寄せられて来ます。わたしたちが集会に行くのは、ある兄弟、ある姉妹に会いに行くのでも、ある兄弟、ある姉妹がわたしたちを集会に引き寄せるのでもありません。わたしたちが集会に行くのは、多くの兄弟姉妹と共に主の名の中へと来ることであり、その中心は主です。わたしたちが集会に行くのは、人のメッセージを聞くためではなく、主にお会いするためです。あなたがだれかのメッセージを聞くために集会するのであれば、おそらくあなたはその人の名の中へと集められており、主の名の中へと集められてはいないでしょう。時には、人の名を使って人を引き寄せようとしますが、それは人がその人の名の中へと集められることです。しかし主は、ご自身の名の中へと集められるようにと言われました。

なぜ主の名の中へとと言うのでしょうか？　それは、物質の体をもっては（ルカ二四・二九、三〇）、主はここにおられないからです。主がおられない場所でこそ、名が必要です。主がおられる所では、名は必ずしも必要ではありません。名があるのは、主がおられないからです。物質の体をもって言えば、主は今日、天上にあって、一つの名をわたしたちに残し、与えてくださいました。主は、もしわたしたちが主の名の中へと集められているなら、主はわたしたちの間にいようと約束してくださいました。これは、主の霊がわたしたちの間にあることです。今日、主は天上に座しておられますが、主の名はわたしたちの間にあり、主の霊もまたわたしたちの間にあります。聖霊は主の名を守るものであり、聖霊はキリストの名の後見人です。聖霊は主の名を守り、擁護《ようご》するのです。主の名のある所に聖霊があり、主の名に栄光を得させます。人が集まるためには、必ず主の名の中へと集められなければなりません。

集会の二番目の原則は、人を建造することです。パウロはコリント人への第一の手紙第十四章で言っていますが、集会の基本原則は人を建造することであり、自分自身を建て上げるのではありません。集会で行なわれるあらゆる事は、他の人に建造を得させることを目的とするのであって、自分自身が立て上げられることを目的とするのではありません。異言で語る者は、自分自身を立て上げます。異言を解釈する者は、他の人に建造を得させます。言い換えると、ただ自分自身を立て上げることができるだけで、他の人に建造を得させないなら、これは「異言を語る」原則です。異言を解釈する原則は、わたしが自分自身の得たものを他の人に分け与えて、他の人をも建造することです。ですから、もし集会で異言を解釈する者がいないなら、異言を語るべきではありません。その意味は、自分自身を立て上げるだけで、みなに建造を得させることができないなら、集会で語るべきではないということです。

ですから、集会では何といっても他の人のことを考えなければなりません。言葉が多い少ないを問うのではありません。他の人が建造を得るかどうかを問うのです。姉妹たちが質問するのも同じ原則です。集会において一つの質問をすることは、あなた自身の益のためだけであってはならず、あなたによってその集会が駄目にされるかどうか考慮しなければならないのです。あなたは、この集会が前進する助けになりたいのかどうかです。あなたの個人主義が対処されているかどうかは、あなたが集会の中でどうであるかを見れば、最も明らかにされます。ある人はもっぱら自分自身のためを考えます。その人の心の中には、語りたい一篇のメッセージがあり、集会に来たら口を開かないではおれません。その人の心の中には一つの好きな詩歌があり、いつも歌う機会をねらっています。そのメッセージが、その集会に来ている人に助けを与えるかどうか、その詩歌がその集会をさらに活発にするかどうかについては、彼は構わないのです。このような人は集会に損失を被らせてしまいます。

ある兄弟はクリスチャンになって何年にもなるのに、それでもどのように集会するのか知りません。天のことも気にかけず、地のことも気にかけず、主のことも気にかけず、聖霊のことも気にかけず、自分一人のことだけ考慮するのです。あたかも自分一人だけで集会と呼べるかのようです。すべての兄弟姉妹がそこにおらず、彼一人だけがいるかのようです。人のことなど全く眼中にありません。彼が集会に来て語るのは、自分の気分をよくするためです。その結果、彼自身は気分がよくなりますが、多くの兄弟姉妹はみな不愉快に感じます。彼は語らないでいると、「重荷」を背負っている感じがするので、それを語り出しますが、そうすると他の兄弟姉妹が彼の「重荷」を背負って家に帰ることになるのです。ある人は長く祈ることを好みます。彼が祈り始めると、多くの人は疲れてしまいます。一人の人が集会の原則を守らないと、教会全体を困らせてしまいます。聖霊は集会の中におられ、逆らってはならないものです。聖霊に逆らうなら、祝福はありません。集会でわたしたちが他の人の必要を顧み、他の人の建造を顧みるなら、聖霊は尊ばれ、建造のみわざをなし、わたしたち自身も建造されます。もしわたしたちが他の人を建造せず、勝手気ままに語るのでしたら、聖霊に逆らっていることになり、この集会はむなしくなってしまいます。集会する時、自分が何かを得ようと思うべきではありません。あらゆる振る舞いは他の人の益のためでなければなりません。あなたが口を開けば他の人の益になると感じるなら、口を開けばいいのです。黙っていたほうが他の人の益になると感じるなら、黙っていればいいのです。集会は他の人のためです。これが集会の基本的な原則です。

これは決して、集会では全員口を開いてはならないということではありません。多くの時、語ることが他の人に損失を被らせますが、黙っていることも他の人に損失を被らせます。他の人のことを顧みないなら、語っても黙っていても、集会はあなたのゆえに損失を被ります。語ることも集会の益のためであり、黙っていることも集会の益のためでなければなりません。どうであろうとも他の人の建造のためでなければなりません。口を開くべき時に口を開きます。覚えていてください。集会では「すべての事を、建造のために行ないなさい」(Ｉコリント十四・二六)。各自、集会に行く時には一つの目的を持つべきです。わたしは他の人のためであって、自分だけのためではないという目的です。他の人を妨げることは、行なわないのです。もし口を開かないことが他の人を妨げるなら、口を開かなければなりません。口を開くことが他の人を妨げるなら、口を開いてはなりません。人を建造するために口を開くことを学び、また人を建造するために口を開かないことも学ばなければなりません。人を建造するためであって、自分を建て上げるためではありません。あなたが自分のためでない時、あなた自身が建造されるのです。自分自身のことしか考えない時、あなたは建造されないのです。

自分の言葉が人を建造するのかどうかわからない場合、一番いいのは、学びがあり経験がある兄弟に尋ねてみることです、「わたしは集会でもっと語るべきでしょうか、語るのをもっと少なくすべきでしょうか?」。初めからへりくだった人にならなければなりません。自分が何者かであると思ってはなりません。自分は歌もうまいし、メッセージも上手であり、大した者であると思ってはいけません。自分でそう決めないでください。一番いいのは、学びがあり経験がある兄弟に、あなたの言葉は人を建造するものかどうかを問うてみることです。彼らがあなたにもっと口を開くよう勧めるなら、もっと口を開けばいいでしょう。彼らがあまり口を開かないよう勧めるなら、そうすればいいでしょう。みながへりくだって学ぶなら、集会を強めることができるでしょう。人は集会に入って来るやいなや、神がわたしたちの間におられると感じるでしょう。これは聖霊の働きの結果です。わたしたちはこの件について注意して、わたしたちの集会が神に栄光を帰すものとなりますように。

五　キリストの中で

ここでもう一つ関連して述べたいことがあります。毎回わたしたちは集会する時、毎回わたしたちは兄弟姉妹と互いに交わる時、わたしたち信者はキリストの中で一つであることを覚えなければならないということです。以下のいくつかの聖書の箇所を読んでみましょう‥

コリント人への第一の手紙第十二章十三節は言います、「なぜなら、わたしたちはユダヤ人もギリシャ人も、奴隷も自由人も、みな一つ霊の中で、一つからだの中へとバプテスマされ、みな一つ霊を飲むようにされたからです」。「……も……も」の意味は、区別がないことです。キリストのからだの中では、この世的な区別はありません。わたしたちはみな一つ霊の中で、一つからだの中へとバプテスマされ、みな一つ霊を飲むようにされました。

ガラテヤ人への手紙第三章二七節から二八節は言います、「なぜなら、キリストの中へとバプテスマされた者はみな、キリストを着たからです。ユダヤ人もギリシャ人もあり得ません。奴隷も自由人もあり得ません。男も女もあり得ません。なぜなら、あなたがたはみな、キリスト・イエスの中で一であるからです」。ここでは、キリストの中へとバプテスマされた者はみなキリストを着たことを、見ることができます。ユダヤ人もギリシャ人もあり得ませんし、奴隷も自由人もあり得ませんし、男も女もあり得ません。キリストの中でみな一であるからです。

コロサイ人への手紙第三章十節から十一節は言います、「新しい人を着たのです。その新しい人は、それを創造された方のかたちにしたがって全き知識へと至るように、新しくされつつあるのです。その新しい人には、ギリシャ人とユダヤ人、割礼と無割礼、未開人、スクテヤ人、奴隷、自由人はあり得ません。キリストがすべてであり、すべての中におられるのです」。ガラテヤ人への手紙で「あり得ません」と言っており、ここでもまた「あり得ません」と言っています。どうしてでしょうか？

それはわたしたちが新しい人を着て、一人の新しい人に構成されたからです。この新しい人は神にしたがって創造されています(エペソ四・二四)。この新しい人の中では、ギリシャ人、ユダヤ人、割礼、無割礼、未開人、スクテヤ人、奴隷、自由人はあり得ません。ただキリストがすべてであり、すべての中におられます。ただ一つの実体があるだけであり、みな一となっているのです。

この三箇所の聖書を読めば、わたしたち信者はキリストの中で一であることを見ることができます。わたしたちは主の中では、以前の身分によっては分けられません。新しい人の中では区別はありません。キリストのからだの中では区別はありません。もし人為的な区別を教会に持ち込むなら、兄弟姉妹の間の関係は正当な立場に置かれなくなります。

ここで取り上げたものには、ギリシャ人とユダヤ人、自由人と奴隷、男と女、未開人とスクテヤ人、割礼と無割礼という、全部で五つの区別があります。

ユダヤ人とギリシャ人の区別には二つの意味があります。第一は、ユダヤ人とギリシャ人は二つの異なる民族、国家であることです。しかし、キリストのからだの中では、キリストの中では、新しい人の中では、ユダヤ人とギリシャ人の区別はありません。ユダヤ人は、自らをアブラハムの子孫、神の選民として人の間でおごり高ぶって、すべての外国人を見下げるべきではありません。ユダヤ人とギリシャ人は、キリストの中では一であることを知らなければなりません。その境界はキリストの中ではもはや存在しません。主の中ではみな兄弟であり、ここでは神の子たちを分けることはできません。キリストのからだの中では、新しい人の中では、完全に一です。もしあなたが血縁の観念、地縁の観念を教会に持ち込むなら、あなたは何がキリストの教会かを全然知らないのです。あなたはすでに教会の中に入ったのですから、ギリシャ人とユダヤ人の区別は教会の中ではあり得ないことを見なければなりません。この事はユダヤ人にとってはとても難しいことですが、聖書は、キリストの中ではユダヤ人とギリシャ人を分けることはできないと言っています。キリストがすべてであり、すべての中におられます。教会の中にはただキリストがあるだけです。

ユダヤ人とギリシャ人の区別には、なお第二の意味があります。ユダヤ人は宗教に熱心な性格を表し、ギリシャ人は学問を好む性格を表します。歴史上、宗教を言う時はいつもユダヤ人が取り上げられます。科学や哲学を言う時はいつもギリシャ人が取り上げられます。ですから、この区別は人の性格の相違を表しています。しかし、性格がいかに異なろうとも、ユダヤ人もクリスチャンになることができますし、ギリシャ人もクリスチャンになることができます。宗教に熱心な人もクリスチャンになることができますし、学問に満ちた人もクリスチャンになることができます。キリストの中では、ユダヤ人とギリシャ人の区別はありません。一方は良心の感覚に注意を払い、もう一方は理性と推論に注意を払います。それでは、この二人に区別があるべきでしょうか？　肉にしたがって言えば、この両者は確かに性格が異なっています。一方は感覚にしたがって行動し、もう一方は思いにしたがって行動します。しかし、キリストの中ではユダヤ人とギリシャ人の区別はありません。熱情的な人もクリスチャンになることができますし、冷静な人もクリスチャンになることができます。直覚に頼る人もクリスチャンになることができますし、理性的な人もクリスチャンになることができます。あらゆる種類の人がクリスチャンになることができます。

クリスチャンになったなら、どうか過去の性格を門の外に残してください。教会の中にはこのようなものはありません。多くの時、教会に問題が生じるのは、多くの人が自分の生まれつきの気質を持ち込むからであり、彼らが特有の性質を教会に持ち込むからです。しゃべりたがらない人が一緒に集まると、しゃべりたがらない集団となってしまいます。おしゃべりな人が一緒に集まると、おしゃべりな集団となってしまいます。冷静な人が一緒に集まると、冷静な集団となってしまい、情熱的な人が一緒に集まると、情熱的な集団となってしまいます。このようにして神の子たちの間に多くの区別があるようになります。

しかし、生まれながらの性質は教会の中にはありません。生まれつきの性質はキリストの中にはありません。生まれつきの性質は新しい人の中にはありません。他の人の性質とあなたの気質が同じではないからといって、彼は間違っていると言ってはいけません。あなた自身の性質も、他の人は好ましく思っていないということを知らなければなりません。ですから、あなたがせっかちであれ静かであれ、冷静であれ情熱的であれ、理性的であれ感覚的であれ、ひとたび入って来て兄弟となり姉妹となったなら、これらのものを門の外に置いてこなければなりません。そうせずに、これらの生まれつきの性質を教会に持ち込むなら、混乱と分裂を来たらせる根拠になります。あなたの性質、気質を教会に持ち込んで、自分が標準であるとか、自分が正しいとか思って、自分の基準に合う人を良いクリスチャンとしたり、自分の基準に合わない人を良くないクリスチャンとしたり、自分と性格の合う人を正しいとし、自分の性格と合わない人を正しくないとしたりしてはいけません。こうであれば、教会はあなたの性質、気質によって損失を被ります。ですから、この種の区別は教会に存在してはなりません。

第二の区別は自由人と奴隷です。この区別もキリストの中では取り除かれてしまいました。キリストの中では自由人と奴隷の関係は存在しません。

パウロがコリント人への第一の手紙、ガラテヤ人への手紙、コロサイ人への手紙を書いたのは、奴隷制度のあったローマ時代です。そのころ、奴隷は家畜や労働工具と同様であって、主人の財産でした。もし父母が奴隷なら、生まれた子供たちも一生自由がありませんでした。自由人と奴隷の区別は本当に厳しかったのです。しかし、神は教会の中にこの区別があることを許されません。コリント人への第一の手紙、ガラテヤ人への手紙、コロサイ人への手紙の三箇所の聖書の中で、自由人も奴隷もあり得ないと言っています。この区別はキリストの中ですでに除き去られています。

第三の区別は男と女です。キリストの中では、新しい人の中では、男と女の地位は同じであり、区別はありません。男が特別な地位にあるのでも、女が特別な地位にあるのでもありません。キリストがすべての中におられ、キリストがすべてですから、男も区別はありませんし、女も区別はありません。霊的な事の上では、男と女を区別することはできません。一人の兄弟が救われたのは、キリストの命によってであり、神の子の命によってです。一人の姉妹が救われたのも、キリストの命によってであり、神の子の命によってです。兄弟は神の子となり、姉妹も神の子となりました。キリストの中ではわたしたちはみな神の子であり、キリストの中では男女の区別はありません。

第四の区別は未開人とスクテヤ人です。これは文化の区別です。各自の文化程度には、高低があり、相違があり、区別があります。しかしパウロは、未開人であれスクテヤ人であれ、この区別はキリストの中ではないと言っています。

もう一面においてわたしたちは学ぶべきです。ユダヤ人にはユダヤ人のようになり、律法の下にある人たちには、律法の下にある者のようになるのです(Ｉコリント九・二〇—二二)。ある文化の下にある人には、その文化の下にある者のようになるのです。ある地方の人の所に行けば、その地方の者のようになることを学ぶのです。わたしたちと文化の異なる人と接触する時、わたしたちはキリストの中では一とされていることを学ばなければなりません。

最後の区別は、割礼と無割礼です。この区別は、肉に敬虔のしるしがあるかどうかにあります。ユダヤ人は肉に割礼を受け、彼らの肉にはしるしがあって、彼らは神のものであり、神を畏れ敬う者であり、肉を拒絶する者であることを表明しています。彼らは割礼をとても重んじています。使徒行伝第十五章では、幾人かのユダヤ人が異邦人にも割礼を施すべきであると主張しています。

わたしたちクリスチャンにも、肉の上での敬虔のしるしがあります。例えば、バプテスマ、おおい、パンさき、按手などです。バプテスマについては、霊的な意義があり、また肉の上でのしるしもあります。姉妹のおおいについては、霊的な意義があり、また肉の上でのしるしもあります。パンさきには、霊的な意義があり、また肉の上でのしるしもあります。按手には、霊的な意義があり、また肉の上でのしるしもあります。これらの事には、実に霊的な意義があって、すべて霊的な事柄です。しかし、もう一面において、もしこれらをもって神の子たちを区別し、自分たちにはこれらのしるしがあるのに、他の人たちにはないとして互いに一とならないなら、これらを霊的な意義から肉のしるしへと引きずり下ろすことになり、ユダヤ人が割礼を誇るのと同じ原則に陥ってしまいます。わたしたちのバプテスマ、おおい、パンさき、按手なども、わたしたちの「割礼」となってしまいます。もしわたしたちがこれらによって神の子たちを区別するなら、肉によって区別することになってしまいます。しかし、キリストの中では割礼と無割礼の区別はありません。肉のしるしをもって神の子たちを区別することはできません。キリストの中ではわたしたちは一とされています。キリストの中の命は一です。これらのものはすべてキリストの命の外側にあるものです。もし霊的な実際があって、そのうえ肉における表示があれば、もちろんそれは最上です。しかし、霊的な実際があっても肉における表示に欠ける場合、わたしたちはこの事でその人と区別することはできません。神の子たちは、肉におけるしるしの区別をもって、主の中での一に影響を与えてはなりません。新しい人の中での一に影響を与えてはなりません。

わたしたちはみな兄弟姉妹であり、わたしたちはみなキリストの中で新しい人となっています。わたしたちはみなからだの肢体であり、からだの一部分です。わたしたちが教会の中にいるなら、もはやキリスト以外の区別があってはなりません。すべての人がみな新しい地位に立っており、みな主が創造された新しい人の中にあり、みな主が建てられたからだの中にあります。わたしたちは、あらゆる神の子たちがみな一であり、優越感も必要なければ、劣等感も必要ないことを見なければなりません。心の中から宗派の思いを除き去り、分派の思いを捨て去らなければなりません。そうであれば、神の教会において集会する時、兄弟姉妹が互いに交わる時、分派分裂には至りません。集会でこれらの事に注意するだけでなく、日常生活においてもこの種の生活をすべきです。どうか神がわたしたちを祝福してくださいますように。

集会

2012 年 3 月 1 日　初版印刷発行　定価 250 円（本体 238 円）

© 2012 Living Stream Ministry

著　者　ウ　オ　ッ　チ　マ　ン・ニ　ー

発行所　J G W 日　本　福　音　書　房

〒 151-0053 東 京 都 渋 谷 区 代 々 木 1-40-4

TEL 03-3373-7202　FAX 03-3373-7203

（本のご注文）TEL 03-3370-3916　FAX 03-3320-0927

振替口座 0 0 1 2 0 － 3 － 2 2 8 8 3

落丁・乱丁の際はお取りかえいたします。

ISBN978-4-89061-623-7 C0016 ¥238E